COMMENTATIO THEOLOGICO-CRITICA

DE

PETRI ABAELARDI DOCTRINA DOGMATICA ET MORALI.

AUCTORE

IOH. HENR. FRIDER. FRERICHS
OLDENBURGENSI.

PRAEMIO

SERENISSIMORUM ACADEMIAE IENENSIS NUTRITORUM

MUNIFICENTIA
CONSTITUTO
D. II SEPT. MDCCCXXVI
PUBLICE ORNATA.

Οὐκ οἴδατε, ὅτι οἱ ἐν σταδίῳ τρέχοντες πάντες μὲν τρέχουσιν, εἷς δὲ λαμβάνει τὸ βραβεῖον; οὕτω τρέχετε, ἵνα καταλάβητε. I Corinth. IX, 24.

IENAE,
PROSTAT IN LIBRARIA BRANIANA
MDCCCXXVII.

PIIS MANIBUS
RICLEFI MINSSENII
IN

PAROCHIA WADDEWARDENSI
MUNERE SACRO OPTIME FUNCTI

VIRI

PATRIS INSTAR PIA MENTE COLENDI
STUDIORUM PRIMITIAS
CONSECRAVIT
AUCTOR.

Q. B. F. F. Q. S.

Quae res sit ardua, doctrinam exponere Petri Abaelardi, qui tum vir fuit doctus et ingeniosus, tum medio vixit aevo, temporis spatio, quo nescio an ullum sit magis perplexum atque reconditum, probe gnarus eram, menteque firmiter tenebam Wyttenbachii illud: „magnum virum nisi a magno viro rite laudari non posse." Diu igitur haesitavi veritus, ne ex ingenii tenuitate et rei ipsius gravitati et certaminis dignitati aliquid detraherem; tandem eo potissimum consilio, ut vires, quantulaecunque essent, meas cum probarem scribendo tum corroborarem, neque non laudis amore aliquid stimulante, opus aggressus sum, multum in animo volvens praeclara Marci Tullii verba: par est, omnes omnia experiri, qui res magnas et magno opere expetendas concupiverunt; — prima enim sequentem honestum est in secundis tertiisque consistere. (Cf. Orator. 2.)

Minime igitur, ut in hoc iam libelli exordio dicam, novi aliquid et antea inauditi a me afferri posse speravi, sed hanc solummodo mihi petivi gloriolam, ut viros doctos, qui antea iam sententias de Abaelardo protulerunt, libere neque coecus imitator neque meo nimium tribuens secutus esse videar. Utinam summi iudices certaminisque brabeutae, quos amplitudinis causa nomino, praeclaram suam et humanitatem et benignitatem in me quoque magna sane et ardua aspirantem exerceant.

Summe Venerabilis Theologorum ordo, de quo disputaretur, proposuit
doctrinam Abaelardi dogmaticam et moralem;
primum itaque, ut praescriptum est, agatur de doctrina Petri Abaelardi dogmatica. Priusquam vero ipsa doctrina exponatur, antea, quum viri cuiuslibet ingenium nonnisi ad saeculi sui habitum formetur neque illum plane

exuere valeat, *de aevo illo* aliqua funt praemonenda.[1]) Verum in tanta rerum copia et quum ab ovo paene incipiatur necelle fit, operam dabimus, ne prolixa nimis atque larga fluat disputatio.

Quominus Germanorum gentes fuum fua vi explicarent ingenium, atrox Roma prohibuit, gladio primum illas infeftans, tunc fuam fentiendi vivendique rationem illis obtrudens. Poftea religio chriftiana hominum animis inculcata eft, quae quidem religio multum a priftina iam integritate recellerat, ita ut Germanorum mens nondum exculta ob immenfam novi, quod allatum erat, copiam et ob rigidam inprimis doctrinae ecclefiafticae formam, fuppreffa quafi iaceret. Ceterum Carolus Magnus laudabili ftudio ipfam gentis ingenii vim excitavit, fed turbae vehementes fub Caroli fuccefforibus exortae quum regnum diu multumque devaftarent, prior quoque caligo non folum ad mentes revoluta eft, fed magis etiam excrevit. Itaque Baronius ad annum 900. N. 1: „novum, fcribit, inchoatur faeculum, quod fui afperitate ac boni fterilitate ferreum, malique exundantis deformitate plumbeum atque inopia fcriptorum appellari confuevit obfcurum."[2]) Quo modo auftera hierarchia eo magnitudinis pervenit, ut cuncta ingenii ftudia vitaeque inftituta tanquam fibi fubdita vinculis teneret irretita Scholae, quum in monafteriis tantum effent vel ab hominibus monafticis regerentur, omnis artes tractandi curfus ad theologiam referebatur. Mirum igitur, ut brevibus dicam, medii aevi ingenium inde derivabis, quod homo Germanus, prae ceteris et mentis acumine et pectoris gravitate egregius tunc, priusquam in rebus naturalibus et mundanis fatis fefe exercuerat, ftatim et ab ipfis paene incunabulis rerum divinarum fcientiam ingenti animi defiderio ample-

---

1) Praeter egregiam Ludenii hiftoriam fecutus in hoc maxime fum Neandrum: *Der heil. Bernhard,* et Schmidium *de myfticismo medii aevi.* Fefslerus in libro: Abael. u. Heloifa. T. I, 431 omne paene medii aevi ingenium conftitutum effe vult loco infelici in Apoc. XX, 3, 4. Hem tibi virum acutum!

2) Contra quidem furrexerunt acres faeculi decimi defenfores, v. c. Du Pin, Leibnitius. Semlerus hift. ecclef. felect. cap. T. II, p. 526 eo usque progreditur, ut facile patere, dicat, huic faeculo infcitiae labem multo minus effe propriam, *quam fecutis plerisque.* Sed neque horum virorum autoritas, neque fcriptorum faeculi X, quos Semlerus adfert pag. 526 — 536, numerus nos movent, ut gravillima, quae exftant, coaetaneorum v. c. Attonis, Ratherii teftimonia (cf. d'Achery Spicileg. I, 381. 427.) de miferrimo rerum faeculi X ftatu parvi faciamus. Ceterum cf. Heerenii hift. liter. med. aevi I, 190.

ctebatur, quod quidem defiderium et temporum calamitatibus atque miferiis, et ipfo religionis chriftianae genio divino adauctum eft. Sicut autem eo tempore animus humanus duo illa, quae ipfi infunt, ftudia agendi fcilicet et patiendi, explicuit in re publica, eodem fere modo fecit in re literaria. Dialectici, quos cum equitibus fortiter pugnantibus [3]) conferre licet, alacres fuis viribus freti de themate aliquo disputaverunt, vel adverfarium fibi eligentes, vel ipfi quaeftiones fibi cum obiicientes tum folventes; Myftici, pio ardore repleti, ad ipfam Dei vifionem, quam fedula contemplatione fibi contingere fperabant, exarferunt. [4]) Uterque vero faepe, ut folent mortales, fuo more a recta via aberrant; itaque factum eft, ut illi ipfam religionem, quam, ut apud noftrates vocatur, obiective fumebant, in merum dogmatum fyftema mentis acie et ponendum et diffolvendum depravarent; hi contra, neglecto fanae mentis iudicio, fenfuum ac phantasmatum colluviem tanquam a fummo numine revelatam maximi haberent. Quae duo fibi oppofita inde ab hiftoriae initio adfuere, licet non tam exculta; verum apud Graecos Romanosque veteres propter diverfam plane cogitandi et fentiendi methodum paene latent. Hi enim de rebus externis, de natura et rerum vifibilium ratione mutua magis quaerunt, quam ut ab ipfius animi fenfibus initium fumentes de fummo numine eiusque natura philofophari poffint; paulo poft tamen ad id quoque propius accedunt, a quo medii aevi homines incipiunt.

Duae illae partes, Dialectici et Myftici, coryphaeum quafi fuum habuerunt, quum autoritate nemo poffet egere: illi Ariftotelem, Platonem hi fecuti funt. Studii autem ratio ac methodus haec fuit: libere de dogmate aliquo philofophari et ipfas, quibus doctrina ecclefiaftica fulta erat, rationes ponderare, vel etiam dubitare de iis cum nefas tum infolitum. Adolefcentulus, fimulac mente tenera primos nifus auderet, ulnis theologiae exceptus eft, quae ipfum, qui primo cum lacte fummam in ecclefiae feu dicta feu inftituta fuxit obfervantiam, manu tunc ducebat per id, quod hierarchia defcripferat literarum ftadium. Quod fi quis transgredi conabatur, atrociffimas poenas fibi me-

---

3) Similitudinem cum iam ipfe Abaelardus in hift. calamitt., tum habet Rixnerus II, 1.

4) Augufti vero effet pectoris et magnae animi varietatis atque ubertatis parum fibi confcii, cenfere, hoc illudve ftudium non, ut vere fuit, praepollens tantum fuiffe, fed unice, ceteris exclufis, hominum animos occupaffe, ita ut e. g. Myfticus nunquam dialectice aliquid tradere potuiffet.

ruit et in hac terra et in flammis infernalibus in aeternum urentibus. Hoc igitur folum erat reliquum, ut Dialecticus fingulas theologiae partes fagaci mente divifas atque definitas, fortiter defenfaret, Myfticus vero in altos receffus fefe recipiens fenfuum ac phantafiae ope ad *fruendum Deo* evolaret. Itaque ambo ftudio illi, menti infito, omnia ad ultimos usque limites perquirendi, fatisfeciffe fibi videbantur! In rebus difficilibus auctoritate veterum fe tutabantur, et paulo poft ubicunque auctoritate decertatum eft.[5])

Mens autem humana, fervitii impatiens, vincula inhonefta confringere coepit primo quidem, ut videtur, impulfu in Italia et Francia multifariam accepto; fed non tam ab exteris gentibus, ut multi arbitrati funt, v. c. a Graecis, Saracenis; quam ipfa hominum mente maiores in diem nacta vires. Mittamus viros illos, qui litterarum quidem ftudio eximii, orthodoxiam tamen pie fervabant, v. c. Gunzonem abbatem, Gerbertum, Conftantinum, Fulbertum et Berengarium; praeter Scotum Erigenam tum fatis notum, tum ob pantheismum a multis diffamatum, aliquos tantum liberioris animi viros adferamus. Glaber Radulphus II, 12. (cf. Dupin bibl. des auteurs eccl. T. VIII, p. 109.) narrat ad an. 1000: „impletur Iohannis praefagium, fatanam folvendum poft mille annos. Ravennae *Wilgardus* ftudio artis grammaticae ftultior factus, coepit turgide multa docere fidei facrae contraria; ad ultimum haereticus eft repertus et ab epifcopo urbis damnatus. Plures enim per Italiam hoc tempore reperti huius peftiferi dogmatis. Ex Sardinia quoque, quae his plurimum abundare folet, ipfo tempore aliqui egreffi, partem populi in Hifpania corrumpentes" (conferas c. 11). Paulo poft Glaber 3, 8. de *Heriberto* narrat et *Lifoio*, „viris a Clero haud ignobilibus, Scripturae effata de trinitate, creatione etc. deliramenta effe autumantibus." Dein Bulaeus Hift. univ. Parif. I, 364 e fpicilegio Dacheriano exhibet, „Gerbertum quoque a Lifoio corruptum effe, haereticos vero illos de redemtione, de facramentorum vi, Sanctorum imploratione dubitaffe. Poftea *Leuthericum* epifcopum Senonenfem, Gerberti difcipulum, de euchariftia haeretice fenfiffe, teftantur Bulaeus l. l. I, 355 et Baronius ad an. 1024. In Francia denique, 1092 Rofcelinus ob haereticam fuam de trinitate fententiam, quam et Anfelmus refutare ftudet in libro de fide trini-

---

5) Quam gratus fuerit hic autoritatum ufus ingeniis cummaxime mediocribus, exemplum adferatur evidens Adelmanni fcilicet ad Berengarium epiftola (cf. Bulaei hift. univ. Parif. I, 412.) Nec fine animi quadam commotione legi, quod de magiftro fuo Fulberto narrat.

tatis et incarnatione, damnatus est; nam magna diligentia hierarchiae ministri, ne haeresis puram orthodoxorum, qui vocabantur, fidem infectaret, vigilavere.

Literarum in Francia statum quod attinet, permultae exstiterunt scholae claris doctoribus celebres v. c., ut nil dicam de ea, quae Parisiis floruit, Beccensis sub Lanfranco et Anselmo, Turonensis sub Berengario, Andegavensis sub Marbodo et Roberto, Rhemensis et Leodinensis saeculo decimo iam satis clarae. (Cf. Bulaeus l. l. I, 520.) De viris, qui tunc vivebant, eruditis eorumque operibus perquam copiose actum est a Benedictinis *historiae literariae Franciae* auctoribus, Tom. IX, 1 — 225. Quae scholae eaeque prae ceteris, quae Parisiis paulo post *studium universale* contrahebat, Dialecticis praebuere palaestram animisque, Berengarii et Roscelini haeresibus iam excitatis, novos etiam stimulos addiderunt. Hoc rerum statu, anno MLXXIX, Philippo I in Francia regnante, Petrus natus est Abaelardus Palatii, oppido minoris Britanniae, parentibus haud ignobilibus Berengario et Lucia. Petrus ingenio ad literatoriam, ut ipse scribit in historia calamitatum, disciplinam facili, diligenter insuper eruditus, ardenti amore literas amplexus est. — Succinctam hoc loco vitae Abaelardi narrationem praemittere dubitavi, quum fata viri in omnium fere hominum, quotquot vel luserint tantum literis, memoria penitus insideant, neque ad intelligendam eius doctrinam omnino ipsis sit opus. Hoc igitur tradere sufficit, Abaelardum virum evasisse ingenio acrem, doctrina et eruditione pollentem [6]), moribus suavissimum et vel corporis venustate insi-

---

6) Nam ut taceam epitaphium illius (est satis in titulo, Petrus hic iacet Abailardus, Cui soli patuit, scibile quidquid erat) et multorum scriptorum de Abaelardi doctrina laudes, coaetanei alicuius adferatur testimonium, Samsonis scilicet, Rhemorum archiepiscopi, qui una cum suis suffraganeis, dum ad papam deferrent Abaelardum, retulit, „nihil esse, quod eum lateret, sive in profundo maris, sive in excelso supra." Et vel ex scriptis Nostri, quorum tamen multa nondum sunt edita, argumentum erues haud contemnendum. Reliqua quod adtinet, in promtu habemus ipsius Heloisae verba, ad Petrum suum carissimum ita scribentis (cf. opp. 46): „quis etenim regum aut philosophorum tuam exaequare famam poterat? quae te regio, aut civitas seu villa videre non aestuabat? quis te, rogo, in publicum procedentem conspicere non festinabat, ac discedentem collo erecto, oculis directis non infectabatur? quae coniugata, quae virgo non concupiscebat absentem et non exardescebat in praesentem? Duo autem, fateor, tibi specialiter inerant, quibus feminarum quarumlibet animos statim adlicere poteras, dictandi videlicet et cantandi gratia cet. cet."

gnem, qui ob fata denique, quae nactus erat, fingularia *vivus*, ut cum Ennio loquar, *volitabat per ora virum*.

Ipfius Abaelardi in tractandis dogmatibus ordinem fequi, et meam difputationem ftricte illi attemperare, ineptum videtur; Abaelardus enim, tantum abeft, ut in dogmatum expofitione iuftum ordinem curfumque teneat, ut ea, quae maximi momenti et quafi fundamenta totius operis praemittenda erant, hic illic, data occafione immifceat. — Quae cum ita fint, commentariolum noftrum ita inftituimus, ut primum idque uberius paulum de fide et intellectu feu de revelationis ad rationem humanam relatione ex fententia Abaelardi pertractemus; quo facto cetera, de quibus agit, dogmata ita adiungamus, ut ad fumma illa principia femper habeatur refpectus. Ultima noftra de Abaelardo fententia facilius aeque ac clarius evadet. Verumenimvero ipfius viri, qualis in tradendis dogmatibus ordo modusque fuerit, quum ignorari multas ob caufas omnino non liceat, brevibus rerum in introductione eius ad theologiam tractatarum feriem praemittimus. [7])

---

[7]) *Operum*, quae fcripfit Abaelardus, elenchum adfert Quercetanus in Opp. Abaelardi ed. Amboef. Parif. 1616. p. 1160—62. *Theologiam chriftianam* ediderunt Edmundus Martene et Urfinus Durand, Bened., in Thefauro nov. anecdot. V, 1139 — 1360. Parif. 1717. *Ethica f. liber dictus Scito te ipfum* prodiit ftudio Bernardi Pezii, Bened., cf. thef. anecd. noviff. Aug. Vindel. 1721. T. III, P. II. Sed genuinam Abaelardi ethicam effe, nonnulli, mea opinione perperam, dubitant provocantes ad hiftoriam literar. Franciae XII, 129 fq. cf. Schloffer. Abaelard und Dulcin. p. 119. Ceterum cf. etiam Opp. Abaelardi p. 524, 560, 703; nec non, quae Bernardus Claraevall. e libro Abaelardi ethico protulit in ep. ad Innocent. Abaelardus librum quoque fcripfit valde memorabilem, Sic et Non infcriptum, (cf. Hift. lit. Franciae Tom. XII, 131 feq.) de quo Martene in praef. Thef. ita fcribit: „Eft penes nos eiusdem Abaelardi liber, in quo genio fuo indulgens, omnia chriftianae religionis myfteria in utramque partem verfat, negans, quod afferuerat, et afferens, quod negaverat; quod opus aliquando publici iuris facere cogitaverat nofter Acherius, verum ferio examinatum aeternis tenebris potius, quam luce dignum de virorum eruditorum confilio exiftimat." Petrum vero hoc libro Sententiarum libris adverfatum effe, coniicere licet. Inter opera eius maximi momenti funt praeter *Commentarium in Pauli ep. ad Rom.*, — qui diu quidem a viris doctiffimis paene neglectus, omnem Abaelardi doctrinam et dogmaticam et moralem brevibus adumbrat, quid? quod et de iuftificatione et redemtione fententias folus exhibet — *Introductio in theologiam* et *Theologia chriftiana*. De utroque libro recte iam monet Guilelmus abbas S. Theoderici: „idem paene continent, nifi quod

Lib. I, cap. 1 fidem, caritatem et facramentum tanquam tria illa, in quibus falutis fumma confiftere videtur, proponit, notionum illarum definitionibus quoque allatis; tunc c. 4 — 6. fidem catholicam fummatim adumbrat, cuius quidem fidei tanquam partem praecipuam illud de trinitate dogma profert, cui tum accurate exponendo tum fortiter defendendo per omnia, quae fequuntur, operis capita operam dat. Cap. 7 — 12 enim fuam de dogmate fententiam tradit, quam teftimoniis tam e facra fcriptura (13 — 14) quam ex ethnicorum fcriptis repetitis (15 — 25) probare laborat atque fulcire.

Lib. II, c. 1 ob id, quod teftimonia e libris ethnicis attulit, copiofe caufam fuam agit, philofophorum doctrinas fummis laudibus efferens. C. 2 — 3 rationis gladio, ut ait, in exponendo dogmate iure ac rite fe egiffe contendit, dialectices laude annexa, et hoc confilio haerefes in dogmate exortas c. 4 — 9 enumerat. C. 10 — 15 tres in una effentia perfonas, fimilitudinibus allatis, defendit, fimul de generatione filii et fpiritûs proceffione difputans. Platonis de anima mundi fententia c. 16 — 17 defcripta, c. 18 fidem trinitatis apud Iudaeos etiam et gentiles reperiri innuit.

Lib. III, c. 1 incipit in difcuffione de ratione credendi unum Deum; c. 2 de fimplicitate, c. 3 — 5 de omnipotentia, c. 6 de incommutabilitate Dei loquitur. Transit tunc ad providentiam divinam c. 7, et liberum hominis arbitrium, quae quidem disquifitio praecifa eft et mutila.

Cuilibet hanc, quam nude tantum propofuimus, libri compagem perluftranti fatis iam liquet, in Abaelardo multum defiderari. Methodus autem illius, quum vel fit nulla vel admodum manca, ita, ut unius faepe dogmatis disiecta membra longe lateque fint conquirenda, ipfemet eo facilius, in defcribendis dogmatibus fi quid peccaverim, vituperationem effugiam.

Ad primam nunc eamque graviffimam difputationis partem progreffus, primum de fide et intellectu, de revelatione et ratione quid fenferit Abaelardus, per fe fpectabo, tunc quale fit refpectu habito ad alios aevi illius viros, exponam.

Communis fuit omnium fere medii aevi hominum opinio, in Deo cognofcendo fapientiam folummodo effe veramque falutem, quare et virtutes, ut dicebantur, theologicae, fides, caritas et fpes, quas Albertus Magnus aliique

---

in altero plus, in altero minus aliquando inveniatur." Ceterum id quoque notandum, quod Petrus librum nominarit theologiam.

ab ipso Deo dicunt nobis infundi, tanti aestimabantur. Simili modo Abaelardus tria ponit, in quibus totius nostrae salutis summa consistat, fidem scilicet, caritatem et sacramentum. Quod vero, spe fidei iniuncta, sacramentum i. e. visibile gratiae invisibilis signum, inter tria illa refert, non ut vile quid ac leve parvi facias. Triplex illud fundamentum, quo quidem rerum divinarum et humanarum nexus nititur, ita sumit Noster, ut quemlibet, coelum petiturum, pedibus illi, ne lapsus aberret, insistere velit. Trium vero fidem partem praecipuam vel imo fundamentum esse affirmat, sine qua quippe et caritas et sacramentum locum non habeant. Fides autem est „existimatio rerum non apparentium h. e. sensibus corporis non subjacentium. Fidem esse, per se certum est; (I, 2) aliqua igitur non apparentia esse, unusquisque concedat necesse est." Quo quidem concluso Noster nimium, opinor, effecisse sese existimat. Quomodo autem ad fidem pervenimus? cui quandoque fides est habenda? Abaelardus in quaestionum harum solutione liberioris animi virum se praestitit. Ipsa rationis vi ex illius sententia, ad fidem perducimur, *neque credendum nisi prius intellectum.*

Ratio enim, qua homo vel maxime insignis et ad summi numinis exemplar creatus est, (introd. III, 1) naturali quodam instinctu et vi sua insita a sensibilibus ad intelligibilia se extollit; „proprium illi est, ut Noster ait, omnem transcendere sensum, et ea vestigare, quae sensus non valet attingere." Tantoque cum vigore ad altiora nititur, ut „quantocunque res subtilioris est naturae et a sensu remotior, tanto rectius se rationis judicio praebeat, et magis in se rationis studium provocare debeat." Quae quidem ratio, cum nobili suo nisu ad divina, quam potest altissime, escenderit, a Dei caritate, quae ipsi obviam it, sublevatur, ut divini quid intelligat. (Cf. Introd. II, 3, p. 1060.) Ita et homo pius — porro philosophatur Abaelardus — ad suam rationisque suae originem, et continuum culturae humanae tractum respiciens, eam mente amplectitur sententiam: Deum benignissimum jam primitus ita instituisse humanam rationem, ut ad altiora evolare posset. Per eam quasi et in ea (cf. Introd. II, 3. III, 1. Theol. 1187.) Deus sese revelans, spiritum suum sanctum primo statim mundi creati tempore cordibus humanis infudit; Deum vero invisibilem visibili specie primum hominibus se revelasse, ut multi arbitrantur, Abaelardus, modeste in dubium dum vocat, negare videtur. Quid vero de spiritu hoc vere cogitavit? Num sibi suaeque de rationis praestantia opinioni pulcre constitit, ita ut spiritum illum divinum vel in admirabili et excelsa hominis natura, Dei imaginem prae se ferente, vel in ipso universali benignissimi creatoris regimine (cf. Theol. 1351) poneret; an modo, ut nostri homines loquuntur, supernaturali Deum hominibus id, quod propria vi intelligere non possent, revelasse censet? Hucusque, opinor, Abaelardus, *quum tota aevi illius indoles quaestionem illam ne admitteret quidem*, philosophando non penetravit. Quodsi autem quaestionem hanc sana mente perpendere ausus esset, eo potissimum tempore, quo aetate florens propter magnum, quod ipsi inerat, animi robur [8] humanae naturae dignitati plurimum tribuebat; quae tunc eius evaserit sententia, dictu difficile est, neque egomet decernere ausim. Verisimiliter tamen, Nostrum Rationalistam, ut ajunt, habeas. Nunc autem ex mente aevi sui rem profligat, Deum scilicet homini, enixe verum cognoscendo operam navanti, gratiae favore subvenire, verumque manifestare. Sed et durius dicta (cf. Intr. II, 3) occurrunt, praecipue in theologia christ., in qua omnino submissius loqui videtur v. c. 1249: „quae Dei sunt, nemo cognovit, nisi spiritus Dei, praesertim cum nec minimum aliquid doceri quis valeat, nisi eo nos interius illuminante," et 1251: „nisi enim se ipse Deus manifestet, natura nostra videre eum non sufficiet. Sed vel in his virum orthodoxe loquentem, liberius tamen sentire suspicari licet; notandumque est omnino in his, Abaelardum patres secutum esse Platonismo addictos, qui in dogmate illo de revelatione per Logon formulis utebantur admodum dubiis et ambiguis, sensu tamen ad Rationalismum, ut ajunt, redeunte. Alterum quod attinet, *quando fides sit habenda*, Abaelardus, ut iam diximus, non esse credendum, nisi intellectum, egregie decrevit. [9]" Si enim, ipse ait (Introd. II, 3), cum persuadetur aliud ut credatur, nihil est ratione discutiendum, utrum ita scilicet credi oporteat, vel non: quid restat, nisi ut aeque tam falsa quam vera praedicentibus acquiescamus, et illam Fausti hae-

---

[8] Abaelardum, quem adsiduae pugnae et continuarum velitationum ceperat satietas, quietem cummaxime desiderasse posterioribus vitae annis, et scripta et vita eius, qualem Petrus Venerabilis nobis describit, certissime probant.

[9] *De miraculis* igitur quid censuerit Noster facile ex hoc iam principio elucet. Itaque in introductione in Theologiam II, 3: „nunquam multi, inquit, cum his, quae praedicabantur, non crederent ipsarum exhibitione rerum et magnitudine miraculorum credere sunt compulsi; (cf. opp. 967 in oratione de Iohanne Baptista.) et epist. IV. Opp. pag. 242: „apud discretos vim maiorem rationes quam miracula tenent, quae utrum illusio diabolica faciat, ambigi facile potest."

retici defensionem praetendamus, qua se ab impugnatione fidelium protegere et ipse per prophetam ac eorum sententiam nititur confutare?" Quum vero, ut postea pluribus ostendemus, Abaelardi tempore plures exsisterent secus docentes, contra hosce summo studio digladiatur. „Nunc plurimi, inquit l. l., solatium suae imperitiae quaerunt, ut, cum ea de fide docere nituntur, quae ut etiam intelligi possint, disserere non sufficiunt, illum maxime fidei fervorem commendent, qui ea, quae dicuntur, antequam intelliget, credit et prius his assentit ac recipit, quam, quae ipsa sint, videat, et an recipienda sint cognoscat seu pro captu suo discutiat." Verum hac in re nonnulli v. c. Gualterus de Mauritania, vir ceteroquin aequus, (cf. Bulaei hist. univ. Paris. II, 69) inprimis vero Bernardus Abaelardum, temere atque petulanter rationis viribus superbientem, ultra omnes humanae infirmitatis terminos excessisse increpant; sed mirum in modum tam ira et studio sunt incensi, quam vel oculis vel mente obcaecati. Clare enim atque aperte Abaelardus *intellectus* infirmitatem agnoscit et describit. Discrimine scilicet facto inter *intelligendi* et *cognoscendi* notiones (Introd. II, 3), illam qua et fidem niti contendit, vitae terrestri, hanc vero vitae aeternae adsignat. Homini, quamdiu in hac terra vitam degat, mancam tantummodo intelligentiam et rerum non apparentium existimationem inesse, cum autem terreno corpore solutus vita aeterna gaudeat in coelis, plenam ei puramque cognitionem contingere, pulcre non minus quam pie asseverat. Verum ut intelligentia, ita et locutio humana secundum Nostrum (cf. Introd. II, 10) defectu quodam laborat, quippe quae ad creaturarum statum maxime accommodata, veram divini essentiam designare nequeat. Quae quum ita sint, nemo humanam scientiam nec ultra modum petulanter extollat, ut permulti faciunt dialectices magistri, neque contra stolide illam despiciat. [10]) Vel ipsis religiosis literarum studium non officit. „Ego, inquit Introd. II, 2, nullius artis lectionem cuicunque religioso interdicendam arbitror, nisi forte maior eius utilitas per hoc praepediatur. Si quae autem scientia malum esset, utique et malum esset quaedam cognoscere et iam absolvi a malitia Deus non posset, quia omnia novit." Artium lectio osten-

---

10) Lectu suave est, Abaelardus sophistarum importunitatem cum increpat cf. Theol. 1242. 1245. 1247. Nec minus in stultos Dialecticae contemtores invehitur, ep. IV. Opp. 238 — 242. Conferantur illa, quae Ioh. Sarisberiensis simili consilio protulit, Metalog. I, 3. II, 6, 7.

tationem adducat, neutiquam necesse est, et (cf. Theol. 1246.) aliud est, conferendo veritatem inquirere, aliud disputando contendere ad ostentationem. „Veritas autem (Theol. 1251) sanctitatis quid habet" et nonnisi animo bene praeparato et humilitatis bene sibi conscio hominem ad eam inquirendam accedere fas est; *„neque mortales omni spurcitia peccatorum pleni ratiunculis suis comprehendere incomprehensibilem nitantur."*

Verum objiciat aliquis, Abaelardum, quippe qui intellectus infirmitatem agnosceret, minus recte nil credendum esse nisi intellectum censuisse. Id autem cummaxime teneas, Abaelardum ecclesiasticae potissimum doctrinae, arbitria agentis molestissima, habito respectu ius vindicasse rationi, in omnibus rebus libere iudicandi et, quod ipsi absonum esset, reiiciendi. Quod quidem ius ob rationis, ut perperam aiunt, infirmitatem a multis impugnatum Noster, recti aliquo sensu ductus, ponit potius teque, negare si velis, absurde acturum esse monet, quam ut accuratius illud firmare studeat argumentis. De his igitur Abaelardi sententiam non omnibus plane numeris esse absolutam aequus rerum censor probe concedet; sed repugnantia inter se esse hominis placita, neminem, qui dicat, fore arbitror.

Sed, ut recte iudicari possit, *ipsum iam Abaelardum cum nobilissimis aetatis illius theologis conferamus,* Anselmo scilicet et Bernardo.

Anselmus Cantuariensis, apud quem haud raro erectioris ingenii vestigia reperies, nimis anxie tamen Augustini autoritate duci se patitur. Cum Abaelardo in quaestione potissimum de fide et intellectu discrepat. Quaestio haec fuit a primis fere ecclesiae initiis frequenter agitata. Vetus ecclesia, dicto illo apud Iesaiam VII, 9: אִם לֹא תַאֲמִינוּ כִּי לֹא תֵאָמֵנוּ, quod LXX non minus, quam versio Vulgata perperam ita interpretantur: ἐὰν μὴ πιστεύσητε, οὐδὲ μὴ συνῆτε, *nisi credidertis, non intelligetis,* nixa, per fidem modo ad intellectum perveniendum esse constituit. Patres spectatissimi, licet non semper sibi constent, eandem plerumque tenuere sententiam. Augustinus vir, si quis alius, animo gravis, mente subtilis, sed altas easque tristiores de naturae humanae debilitate meditationes fovens, clare quid censeat, tradit de civ. Dei XI, 2. „Sed quia ipsa mens, ait, cui ratio et intelligentia naturaliter inest, vitiis quibusdam tenebrosis et veteribus invalida est, non solum ad inhaerendum fruendo, verum etiam ad perfruendum merendo incommutabile lumen, donec de die in diem renovata atque sanata fiat tantae felicitatis capax, fide primum fuerat imbuenda atque purganda. In qua ut fidentius ambularet ad veritatem, ipsa veritas Deus Dei filius homine affumpto eandem fundavit fidem, ut ad Deum homini iter effet per hominem Deum." „Invifibile autem, l. l. c. 23. inquit, iis teftibus credendum, qui didicerunt et contuentur." Contra vero et autoritatem a ratione non effe deferendam, contendit de vera rel. c. 24. Idem, quod Auguftinus, cenfet plane Anfelmus. „Sicut rectus ordo exigit, dicit in libro: Cur Deus homo I, 2., ut profunda chriftianae fidei credamus, priusquam ea praefumamus ratione difcutere, ita negligentia mihi videtur, fi poftquam confirmati fumus in fide, non ftudemus, quod credimus, intelligere." Pari modo: De fide trinitatis c. 2. „Nullus quippe, ait, chriftianus debet disputare, quomodo, quod catholica ecclefia corde credit et ore confitetur, non fit; fed femper eandem fidem et indubitanter tenendo, humiliter quantum poteft quaerere rationem, quomodo fit. Si poteft intelligere, Deo gratias agat: fi non poteft, non immittat cornua ad ventilandum, fed fubmittat caput ad venerandum." Cf. et ea, quae contra Rofcelinum fcribit in epiftola XLI. Quamquam nos, illi viri quid fibi voluerint cum principio illo, et quomodo in id inciderint, non ignoramus, falfum tamen effe, usque contendamus oportet, et quantum Abaelardi de hac re fententia philofopho fit dignior, nemo non videt.

Reliquum eft, ut res decidatur, quae Noftro eft cum *S. Bernardo Claravallenfi*, viro fpectatiffimo, qui iuter Myfticos, ut aiunt, refertur. Verum Bernardus, ut iam bene monuerunt Neander et Schmidius, neutiquam purus putus Myfticus erat, neque, quum a partibus ftet theologorum, ut dicunt, pofitivorum, rigidis Supernaturaliftis annumeretur; fed religionem et doctrinam omnem ad fentiendi agendique normam referens, Myfticismo cuidam practico fe dedit. Multas igitur ob caufas Abaelardo contradicit, et primo definitionem fidei impugnat. Auguftinum refpiciens, ad fidem non veftigando et inquirendo, fed animum purgando ita ut via divinae veritati patefiat, perveniri poffe contendit. Animus tunc veritate libenter accepta, autoritati fine dubitatione vel inquifitione credit. In ep. ad Innocent. papam ita fcribit: „Quid enim magis contra fidem, quam credere nolle, quidquid non poffit ratione intelligere? In primo limine theologiae f. ftultilogiae fuae Abaelardus fidem definit aeftimationem, quafi cuique in ea fentire et loqui, quae libeat, liceat, aut pendeant fub incerto in vagis ac variis opinionibus noftrae fidei facramenta. Non eft fides aeftimatio, fed certitudo." In quo notandum eft, Bernardum et verbo: intelligere quamplurimum effe offenfum; quinimo iufto plus verbo illi, notione minus spectata, tribuit. Ipse [11]) enim (De consideratione V, 3): „Deus, inquit, et qui cum eo sunt beati spiritus, tribus veluti viis sunt vestigandi, opinione, fide, intellectu. Fides est voluntaria quaedam et certa praelibatio necdum propalatae veritatis; intellectus est rei cuiusdam invisibilis certa et manifesta notitia." Bernardi intellectus igitur, quid est aliud, quam Abaelardi cognitio? Homo porro, ex sententia Bernardi (cf. l. l.) neque intelligere, neque eloqui aliquid potest de iis, quae supra sunt; aliqua vero esse, dubitare non licet, et vitae sanctitate assequi possumus, ut iis, quae spiritu nobis revelantur, voluntarie, absque omni dubitatione credentes, praegustemus quasi aliquid veritatis occultae. Fides vero, quum *soli autoritati* voluntarie habeatur, meriti quid habet. [12])

Verum religio, qualis tum fuit, christiana haud sine fuco erat ac illibata, sed cum ecclesiae doctrina in unum quasi corpus coaluerat. Bernardus igitur omne hoc dogmatum systema, solius autoritatis vi, fide tenendum esse persuasus, eum, qui dogma quodvis impugnet, gravissimi sceleris reum arguit. Itaque contra Abaelardum assurgit in ep. ad Innoc.: „Novum, clamat, cuditur populis et gentibus evangelium, nova proponitur fides, fundamentum aliud ponitur praeter id, quod positum est." In hoc vero, quod theologis universum doctrinae ecclesiasticae systema, quale per tot annos exstiterat, servandi studiosis annumerari sese voluit, aliam adhuc causam secutus est. Ut enim et impietatis esse censebat, disquirere de eo, cui fides solum habenda, ita et vel maximum id afferre detrimentum hominum, Laicorum inprimis, vitae institutioni persuasum habuit. Nam rudia et ferocia potentiorum maxime hominum ingenia, humana lege contemta, ipsius divinae tantum auctoritate perculsa sunt et domita. Quo igitur homines illi, dominii alioquin nescii, hierarchiae edictis obedirent, cuncta haec edicta ut tanquam divinitus sancita valerent, necesse erat; quod si quis vel minimum iis detraheret, cuncta pessumire coeperunt. Cum sanctae ecclesiae patribus ethnicorum philosophi, qui con-

---

11) Bernardus hoc loco ponit intellectum pro contemplatione. Apud posteriores quoque Mysticos, v. c. Hugonem et Richardum a S. Victore, intellectus, intelligentia et contemplatio saepius permutantur. Accurata notionem distinctio apud Mysticos, qui pulchris imaginibus exuberantes oratorie magis quam clare et sobrie loquuntur, omnino desideratur. Cf. Schmid. l. l. p. 191. 369.

12) Hildebertus Turonensis tract. theol. c. I: Deus autem, inquit, ideo totum se comprehendi non passus est, ne fides meritum omne, quod ei inhaeret, amitteret.

ferantur, omnino indigni funt; itaque Abaelardum increpat: „Denique in fugillationem doctorum eccl. magnis effert laudibus philofophos, adinventiones illorum et fuas novitates catholicorum patrum doctrinae praefert." Religionis dogmata, quae rationem omnem excedunt, tanquam divina myfteria pia funt mente colenda et nonnifi cum facro quodam horrore tractanda; neve quis, fcelefte curiofus, ea inveftiget. Cf. De diverf. ferm. XV. Schmid. p. 259. Animus potius, fidei fervore inflammatus ad Dei vifionem efferatur, et (cf. de diligendo Deo c. 10) „divino ebriatus amore, oblitus fui, factusque fibi ipfi tanquam vas perditum, totus pergat in Deum." [13] Ambo igitur viri, Abaelardus et Bernardus iam in primis elementis rebusque graviffimis diffenferunt. Bernardus, aetatis fuae cogitandi rationi nimis affuetus, omniaque fecundum totum ingenii habitum ad vitam vitaeque inftitutionem referens, Abaelardum, eo, quo dignus erat, modo aeftimare non potuit. [14] Bernardus vero ecclefiae praecepta moralia et inftituta libere diiudicat; in dogmatibus, plane alius, mire caecutit. Abaelardus autem multo magis ingenii celfitudine aevi fui homines fupraeminet, atque propterea vel maxime in contentione ifta tam finiftro eventu pugnabat, quum Bernardo plurimorum hominum voces conclamarent.

Paucis adhuc *tempora poft Abaelardum* attingamus. Scholaftici plerumque eadem, quae Anfelmus, fecuti funt principia, ita ut doctrinae eccl. fyftema firmum ac verum ftatuentes, fingulas tantum partes dialectice dilucidarent. Petrus Lombardus usque quaque autoritatibus utitur, quibus vero fibi invicem adverfantibus, ratione rem *determinat*. Mifera enim praeceptoris Abaelardi forte admonitus, tutiorem hanc viam ingreffus eft, quam et pofteriorum plerique ineunt. Apud multos tamen haud raro pulchre et libere dicta occurrunt, v. c. Thomas Aquinas (cf. Summa I, 7) veritatem fidei non contrariari veritati rationis, et (cf. II, 2) philofophis ethnicis fidem implicitam rite attribui dicit. Pari modo Raimundus de Sabunde in theologia naturali (cf. Prolog. Fol. I, col. 3): „Duo, ait, funt libri nobis dati a Deo, liber univerfitatis creaturarum f. liber naturae, et alius liber facrae fcripturae, quorum quidem (cf. col. 4) unus non contradicit alteri." Ita cuncti, revelationem menti quidem contingere ftatuunt, fed verum revelatum iis, quae ipfa mente confpiciantur, non

---

13) Ven. Neander quomodo de viris igitur conciliandis cogitare potuerit, non video.

14) Minus recte itaque Tennemannus VIII. 199.

repugnari. Discrepant in eo Myſtici, quod non ratione, ſed contemplatione revelatum adſpici quaſi volunt. Abaelardus vero noſter, ut hanc de fide et ratione quaeſtionem concludamus, licet a nonnullis poſteriorum Scholaſticorum mentis acie et copia doctrinae ſuperetur, liberali tamen ingenio vel optimo par eſt.

Transeamus nunc ad exponendam *Abaelardi de trinitate ſententiam*, cui ſimul, ut ipſius viri ordini nos accommodemus, ea, quae de Deo eiusque attributis dicenda erint, intexamus. —

Deum eſſe, ita Noſter ratiocinatur, non ab ipſo, viſibili quadam forma apparente, nobis revelatum eſt, ſed ratione noſtra perſpicimus, „quae quidem (cf. Introd. III, 1) in nullam fortaſſe rem percipiendam pronior eſſe credenda eſt, quam in eam, cuius ipſa amplius adepta ſit ſimilitudinem. Quo autem quisque alteri ſimilior, eo facilius *ex ſe ipſo* ad eius notitiam pertingere valet." Ex ipſis quoque iam operibus abſentis artificis induſtriam diiudicamus; nam ea, quae ratione carent, quin ab alio ſint, nemo dubitat.

Dei unitatem tum eximia, qua omnia in mundo reguntur, concordia innuit (cf. III, 2), quippe quae pluribus ſub rectoribus locum certe non haberet, tum ex eo quoque, quod Deus ſummum eſt bonum, coniicitur; etenim ſummum bonum et unicum ſimul ſit, neceſſe eſt. Quae omnia ita ſe habere, cuilibet propriae ſuggerit conſcientiae ratio. Bene hac in re Abaelardus argumenta illa honeſta magis quam neceſſaria eſſe perſpexit; quum vero et contrarium, Deum non eſſe, nullis rationibus poſſit evinci, imo multis laboret difficultatibus, id quod honeſtate et utilitate ſeſe commendet, omnimodo praeferendum eſſe ſtatuit. Abaelardum vero, ut Cel. Schloſſerus in libro: Abaelard und Dulcin p. 129, cenſet, omnes rationes pro Dei exſiſtentia allatas tanquam artificia mere dialectica deſpicere, nusquam reperio.

Deus humano quidem ſermone (Introd. II, 10. Theol. 1264) *ſubſtantia* dicitur, ſed ſi accurate loqui volumus, non ſubſtantia eſt, ſed mera eſſentia. In quo Noſter cum Anſelmo Auguſtini doctrinam ſequitur, cf. de trin. V. 16. Subſtantiam porro divinam omnino individuam eſſe affirmat, ita ut (Theol. 1262) Deo nihil inſit, quod Deus non ſit. De hac *Dei ſimplicitate*, quam et noviſſimis fere temporibus multi cum ſpiritualitate confuderunt, diu multumque in eccleſia actum eſt. Cum hac de ſimplicitate notione ea cohaerent, quae Noſter de aſeitate Dei, ut voce utar poſtea demum Scholaſticis ſolemni, attulit. Dicit in theol. 1263: a ſe, ait, nihil eſt, praeter illud, a quo ſunt omnia. Quod placitum minime ad recentiorum hominum de continua Dei evolutione philosophemata spectat; nam ipse Noster pluribus locis, ad Augustinum nos reiiciens et ad ipsam rationem, opinionem istam, Deum se ipsum genuisse, tanquam haereticam reprobat. [15])

Quae autem substantia divina, quum nulla re indigens, omnia habeat a se ipsa, rite *bonum dicitur perfectumque*. Qua notione Platonicorum doctrinae accommodanter constituta, totam summi huius boni perfectionem trium, quas fides catholica profert, personarum nominibus apte describi contendit, quum trium haec personarum distinctio et fundamento ex ipsa ratione repetito probe firmetur, et ipsa haud exiguam adferat utilitatem. „Quo clarior enim, ita Noster concludit (Introd. I, 9. Theol. 1343.) perfectionis summae evadit notitia, eo magis ad persuadendam hominibus divini cultus religionem proficit. Quo bene cognito, vel ipse Christus in praedicatione sua distinctionem illam rectissime assumsit." Dogma igitur de trinitate (cf. Intr. II, 2) omnium sine dubio gravissimum existimat, quo labefactato tota theologia corrueret. —

Singulas personas accuratius describit Abaelardus Introd. I, 8 — 9 ita, ut Dei patris vocabulo divinae potentiae maiestatem, filii s. verbi appellatione Dei sapientiam, qua omnia recte discernere valeat, spiritus denique sancti nuncupatione ipsam Dei caritatem s. benignitatem, qua cuncta optime velit fieri, exprimi affirmet. Proprium est autem patris (I, 6) ingenitum esse, h. e. a se ipso, non ab alio exsistere, sicut filii proprium est, a patre genitum esse, non creatum vel factum, et spiritus sancti ab utroque procedere, nec creatum nec factum esse. De patre postea plura.

Filius i. e. ipsa coaeterna Dei sapientia (cf. Theol. 1163) quae et verbum vocatur, translato scilicet (1161) de effectu ad causam vocabulo, tam gigni semper (1326) quam genitus esse potest dici; in aeternitate enim nulla im-

---

15) Praetermittere hoc loco non possum Fessleri II, 591. et Rixneri II, 28. de *eximia* et *admirabili* Abaelardi cum Spinoza consensu opinionem. Quae revera, quantum valeat, gravior aliquis existimator diiudicet; mihi autem, licet Spinozismi male gnaro, opinio ista, ut modice loquar, non arridet. Abaelardus enim, de Dei simplicitate ac omnipotentia pie locutus, quodsi in vocibus quibusdam ac sententiis cum Spinoza congruit, quid mirum? Spinoza, rigido pantheismo deditus, mente plane aliena istis utitur; Rixnero autem, quantum cognovi, in deliciis est, quamplurimos deprehendere pantheismi asseclas. Baylii similem de Guilelmo Campellensi sententiam refutat Tennemannus VIII, II, 168 sq.

perfectio, nulla ceſſatio aut variationis viciſſitudo contingere poteſt. Quo dicto Abaelardus contra Auguſtini autoritatem peccat, opinionem hanc, filium ſemper gigni, reiicientis; Auguſtini vero ipſum verborum ſenſum a ſuo nihil diverſam eſſe evincit. *Spiritus ſanctus* (Introd. II, 14), ait, quamvis eiusdem ſit ſubſtantiae cum patre et filio, minime tamen ex ſubſtantia patris vel filii, ſi proprie loquimur, eſſe dicendus eſt, quod oportet ipſum ex patre vel filio gigni: ſed magis ex ipſis habet procedere." Ex patre autem ſimul et filio ſpiritum procedere, quia bonus ipſe affectus ex potentia et ſapientia proveniat, contra Graecos l. l. obfirmate defenditur. De Platone Noſter in introd. I, 17. (cf. theol. 1336) ita cenſet: in eius de anima mundi placito ſpiritum ſanctum „integerrime deſignatum eſſe."[16] Abaelardus autem non tam ſuam de ſpiritu ſancto ſententiam ſecundum Platonis ſententias componit, ut nonnulli arbitrantur, ſed vel in hoc dogmate fidem catholicam philoſophis iam notam fuiſſe exiſtimat. Eam certe, quam ſibi de ſpiritu ſancto effinxit, notionem puram et a fuco omni remotam ſervat. Ceterum in eccleſia, quum iamiam Theophilus Antiochenus (ad Autolyc. I, 8.), Platonis ſententia de mundi anima libenter arrepta, πνεῦμα ἅγιον vocaret διὰ τῆς ὕλης διῆκον, multi verebantur, ne dogma hoc modo nimis corrumperetur. Itaque factum eſt, ut ſpiritum ſanctum πνεῦμα nuncuparent προφητικόν, non δημιουργικόν.

Quae autem hoc modo de ſingulis perſonis tanquam proprie et ſpecialiter (Intr. I, 10.) dicuntur, ſolum, ut Noſter ait, iuxta earum proprietates accipiuntur; nam, quum tres omnes coaeternae ſint et coaequales, iuxta naturae earum unionem et patri ſapientia, et filio caritas ineſt. Indiviſa enim ſunt trinitatis opera, quod, quidquid potentia geritur, id ſapientia moderatur et bonitate conditur." Quum eadem penitus trium perſonarum ſubſtantia ſit, „nec ulla (cf. II, 10) ab invicem vel eſſentiae diverſitate vel accidentium ſ. formarum proprietate ſit disiuncta": quaeritur, *quomodo perſonae diverſae omnino ſint?*

Poſtquam (cf. Introd. II, 12. Theol. 1277 — 1283.) copioſe quidem, ſed minus recte, quot modis idem et diverſum aliquid dici poſſit, perſcrutatus eſt,

---

16) Utrum Abaelardus ipſa Platonis ſcripta tractaverit, ut Cl. Schloſſerus concludit, l. l. 115, an, ut ipſe Noſter teſtatur Introd. II, 1. Theol. 1191, ex iis tantum, quae Patres exhibent, locis de Platonis ſententia iudicaverit, dictu eſt difficile. Maneat ſub iudice lis. Cf. Buhle hiſt. phil. V, 193.

respondet: „trinitas est una numero quidem atque essentialiter; sed tres tamen personae, *proprietate* diversae, in ea distinguuntur." Revera autem tres esse personas, non solum vocabulis tantum distinctas, quam evidentissime per similitudines quoque adhibitas, demonstrare misere luctatur, eoque magis, quum maxime, ne in haeresin aliquam incideret, esset cavendum.

Quo autem sequentia clarius perspiciantur, ex *historia dogmatum* aliqua sunt repetenda. —

Prudenter admodum doctrina ecclesiastica trinitatis dogma, tanquam supra, imo contra rationem tendens, inter mysteria retulit. Quod quidem fecit contra Sabellium potissimum et *Arium*. Ille, teste Epiphanio (cf. haeres. 62. Theodoreti fab. haeret. II, 9.): τὸν αὐτὸν εἶναι, censebat, πατέρα, τὸν αὐτὸν υἱὸν, τὸν αὐτὸν εἶναι ἅγιον πνεῦμα, ὡς εἶναι ἐν μιᾷ ὑποστάσει τρεῖς ὀνομασίας, ἢ ὡς ἐν ἀνθρώπῳ σῶμα καὶ ψυχὴ καὶ πνεῦμα. Hic vero plurimos patres, Platonismo quidem deditos, sequebatur. Ἐπειδὴ, sic ipse scripsit Arius ad Eusebium (cf. Theodoreti hist. eccl. I, 5.) καὶ πάντες οἱ κατὰ τὴν ἀνατολὴν λέγουσιν, ὅτι προϋπάρχει ὁ θεὸς τοῦ υἱοῦ ἀνάρχως κ. τ. λ. Postea, quicunque trinitatis dogma ratione probare et illustrare studeret, in huius illiusve hominis sententiam abiit, vel in medio ambiguus modo huc modo illuc trahebatur. Ratio autem humana, quum ius suum sibi vindicet, omnes fere Patres ad exponendum hoc dogma impulit, ita ut illi etiam, qui rationis usum hac in re despicerent, v. c. Irenaeus adv. haeres. II, 13. Augustinus de civ. Dei XV, 13., ipsi similitudines adferrent ad dogma illustrandum. Hilarius Pictaviensis, de trinitate ubi scribit L. XII., Sabellii haeresin aliquoties sapit: vel ipse Augustinus, personis subsistentiam dum attribuit incompletam, doctrinae ecclesiae parum consentit. Anselmus Cantuar. in Monologio, c. 65., caute admodum solito more disputans, „trinitatem ineffabilem quidem, quadantenus tamen posse explicari" decernit. —

Abaelardus, licet orthodoxiae formulas iactitet, *nunc in Sabellianismum, nunc in Arianismum paene incidit*, invitus, ut opinor, et erroris non conscius, sed, ut mire plerumque hominibus evenit, de aliorum opinionibus subtiliter iudicans, in propriis subtilitate paulum destitutus. Sic in introd. II, 12. trinitatis similitudinem adfert hominem, qui et substantia est et corpus, et animatum et sensibile, una tamen permanente essentia. Paulo post l. l. trinitatis similem esse ait hominem, cui secundum Grammaticos tres insunt personae, quae loquitur, ad quam et de qua loquuntur. Ob id quoque homo (cf. Introd. I, 13. Theol. 1160) ad imaginem trinitatis factus esse dicitur, quod patrem per poteftatem in creaturas, filium per rationem, et fpiritum fanctum per innocentiae benignitatem imitetur. Porro (in theol. 1281.) „ficut in fyllogismo, ait, propofitio, quaeftio et conclufio idem funt, ita etiam tres in trinitate perfonae idem."

Minime in his Sabellianam opinionem clare ac nude expreffam effe, affirmaverim, haud oblitus id, quod Ven. Baumgarten-Crufius monet de theologia Scoti p. 22: „eam effe ecclefiafticorum fcriptorum mentem, in Deo talia omnia, quae in hominibus quidem merae effent feu virtutes feu actiones, per fe et vere exftare," quod et Abaelardi quodam dicto comprobatur (cf. Introd. II, 10); iftiusmodi fimilitudines, quas attulimus, tanti tamen valere, ut vel auctorem fuum in primis elementis a Sabellio non plane diffentientem demonftrent, vel ipfae nihili omnino fint ac inanes, habeo perfuafum.

Sed et formulae apud Noftrum occurrunt a Subordinatianismo, ut vocant, non alienae; v. c. Theol. 1165: „ceterae, inquit, perfonae ficut a patre funt, ita et ab ipfo habent, quod poffunt, vel faciunt; nullatenus etiam, nifi ab ipfo fint, effe queunt." In eo autem, quod (cf. Introd. II, 14.) patrem potentiam, filium quandam, fpiritum vero nullam effe potentiam tradit, magis fecundum vocabula, quam fenfum fi fpectaveris, Noftrum deprehendes Arianum; loco citato enim fapientiam aliquo modo tantum, nullo autem benignitatem vocari poffe potentiam, argumentis eruit, fingularum fimul perfonarum omnipotentiae nihil detrahens.

Tritheismi Noftrum, ut affirmat Tennemannus h. phil. VIII, I, 186., factum effe reum cum nusquam egomet invenio, tum, quomodo fieri potuerit, nefcio. Abaelardus enim usquequaque et in fentiendo et in loquendo a tritheismo abhorret. In divinitate, inquit, (cf. Theol. 1291) nulla rerum multitudo, fed tantum perfonarum, nec numero (1289), fed proprietate. „Deus igitur particeps videtur trium proprietatum." Perfonae quoque nomen (cf. 1286), quum in divinitate profertur, non fubftantialiter, fed relative dicitur, et fub disiunctione notat patrem, filium et fpiritum fanctum.

Qui vero fit, ut tres perfonas in trinitate difcernamus? Ratione, Abaelardi nomine refpondeo, feu, fi catholicae fidei congruentius quid loqui malueris, Dei fpiritu per rationem revelante. Entis enim perfectiffimi notio, tribus his proprietatibus exhaurienda, hominis animo obverfatur. Itaque, quum, ut ipfe Abaelardus innuit (Introd. II, 18. Theol. 1343.) ad divinitatem quod pertinet, „ratio unumquemque naturaliter edoceat," et Iudaei et gentes ratione id perceperunt. Interdum, ut diximus, pie magis et ufitatioribus formulis disferit, v. c. Intr. I, 12: „Trinitatis diftinctionem, inquit, divina infpiratio et per prophetas Iudaeis et per philofophos gentibus dignata eft revelare." Quod revera ita effe, permultis teftimoniis tum fcripturae facrae, tum philofophorum confirmatur. Memoranda autem hoc loco eft fententia illa (cf. Introd. I, 15) philofophos clarius multum intellexiffe religionis chriftianae dogmata, quam Iudaeos; ita et illis per Sibyllam veridicam altiorem trinitatis notitiam effe revelatam, quam Iudaeis per prophetas, libere bonus Abaelardus fatetur. Inter philofophos autem Plato cummaxime fectaque platonica catholicae fidei concordare Noftro videtur (cf. Intr. I, 20. Theol. 1190—1193.).

Verum trinitatis dogma, quum ad fummi numinis naturam fpectet, a mente humana, licet *intelligatur*, *cognofci* tamen non poteft, et fola fibi trinitas divina vere cognita eft (Intr. I, 17). Laudabili modeftia hac in re Nofter fe gerit (cf. II, 2). „Philofophi, ait (Theol. 1185) fi quid de his affignare conantur, quae non fermonem tantummodo, fed cogitationem quoque fuperant humanam, ad fimilitudines et exempla confugiunt. Quanto autem (cf. Intr. II, 10) excellentia divinae naturae a ceteris, quas condidit, naturis, longius abscedit, tanto minus congruas fimilitudines in illis reperimus, quibus fatisfacere de ifta valeamus." Sed non femper puram hanc fibi fervat fententiam, et invitus certiffime, fuperftitionis, cui quidem tenebrae funt in deliciis, caufam agit. Philofophi et prophetae, inquit, (cf. Introd. I, 19. Theol. 1184 et 1186) ad arcana philofophiae (Theol. l. c. habet: prophetiae) cum veniunt, nil vulgaribus verbis efferunt, fed comparationibus fimilitudinum lectorem magis alliciunt. Quae enim quafi fabulofa antea videbantur et ab omni utilitate remota, fecundum literae fuperficiem, gratiora funt, cum magnis plena myfteriis poftmodum reperta, magnam in fe doctrinae continent aedificationem. Quafi ergo in latebris dominus quiefcere gaudet, ut quo magis fe occultat, gratior fit illis, quibus fe manifeftat." — Intelligi autem iam in hac vita dogma illud etiam atque etiam afferit, ita ut contradicentem quemque graviffimae haerefeos incufet (Intr. II, 3.). —

Abaelardus igitur, trinitatis dogma cum explicat tum defendit; in falebras itaque et dumeta ut deveniret oportuit, quippe quum dogma iftud, quale ab ecclefia conftitutum eft, fanae rationi repugnet. Nam perfonarum τρόπον ὑπάρξεως, patrem effe ingenitum, genitum vero filium, fpiritum denique ab utroque procedentem, in quo fecundum Abaelardum omnis perfonarum diverfitas mere confiſtit; quotusquisque eſt, qui rationis uſu eliciat? Noſter hic antiqua philoſophorum philoſophemata, ſenſu illorum plus minusve diſtorto, pro veris ſumſit ſanae mentis decretis.[17]) Itaque et graviſſimam ſibi opponi poſſe ſenſit quaeſtionem: cur tres tantum innumerabilium in Deo proprietatum tanquam perſonae ſint diſtinctae? Sed usque ad ſummum Rationalismi faſtigium extollere ſe non audens, animo demiſſo: hoc discutere, reſpondet (Theol. 1288) penes ipſum eſt Deum, a quo haec fides tradita eſt. —

De ſingulis perſonis ſingulatim ubi agit Abaelardus, de earum *attributis* quaedam annectit, quae tum ad patrem tum ad filium quodammodo ſint referenda. Primum igitur ea, quae de *omnipotentia Dei* tradit, expediamus.

Deum omnipotentem cum dicimus (cf. Theol. 1350 — 60. Introd. III, 4 — 7.) neutiquam malas quoque actiones perpetrare eum poſſe innuimus, quod impotentiae potius eſſet; omnipotentia potius ponitur in eo, quod in omnibus, quae fieri velit, nihil eius voluntati reſiſtere queat. Potentia igitur ad voluntatem ipſius eſt referenda. Ubi non eſt velle, ait Abaelardus, deeſt poſſe. Itaque, porro ratiocinatur, quum Deus id tantum facere poſſit, quod vult ſeu quod eum facere convenit, nihil autem eum facere conveniat, quod facere praetermittat: iam ſequitur, ut id tantum facere poſſit, quod facit. Dictum ſane inſolens, ſed, ſenſum ſi excutias, rationi acceptum. Ob id poſtea a Bernardo in ep. ad Innoc., et a Roberto Pullano Sententiar. libr. I, artic. 7. impugnatus eſt. Noſter autem, quum id maxime ſpectaret, ut pravam, Dei omnipotentiam et ad malas referendam eſſe actiones, detineret opinionem, potentiam vero faciendi ſemper Deo adeſſe inſuper affirmans, hominum iſtorum vituperationem facile effugit, et intimum voluntatis et potentiae divinae connexum bene perſpexiſſe videtur.

De *incommutabilitate Dei* pauca Introd. III, 6. curſim adiuncta ſunt. „Deum aliquid facere, ait, cum dicimus, non aliquem in operando motum illi ineſſe intelligimus, vel aliquam in laborando paſſionem, ſicut nobis accidere ſolet, ſed eius ſempiternae voluntatis novum aliquem ſignificamus effectum." —

Dei omnipraeſentiam ponit Noſter et eſſentialem et operativam, licet vocabulis iſtis, de quibus poſtea inter Thomiſtas et Scotiſtas certabatur, non utatur. De re tota autem, quum vel lis iſta meras cummaxime formulas ſpecta-

---

[17]) Cf. Introd. II, 1. I, 20.

ret, Noster cum brevius omissis subtilitatibus, tum vel pulchrius disputare mihi videtur.

Quae proprietates ad Deum patrem sunt referendae; filium vero spectat potissimum *omniscientia*. Dei sapientia ex animo Abaelardi ea est vis divinae potentiae, qua cuncta sapit i. e. veraciter discernit, ut in nullo errare possit (Intr. I, 7). Quae scientia aeque futura ac praesentia et praeterita comprehendit; nam, ut pulcre innuit Opp. 1154, temporis limites in Deum non cadunt. Nihil autem nisi ex divinae dispositionis ordinatione contingere potest. Quo facto casum Abaelardus omnino reiicit.

Restat nunc, ut paucis, *de mundi creatione* quid senserit Noster, absolvamus. In expositione sua in Hexaëmeron (cf. Martenii thesaur. V, 1363 — 1416.) nihil omnino novi profert. Sed Theol. 1340. utrum creaturae ex necessitate sint, quaeritur. Non esse, decernit vir prudens, nam spiritus sanctus s. amor Dei ut in creaturam aliquam adhibeatur, opus utique non esse. Amor tamen Dei, ait, erga creaturas ita necessario habet esse, ut absque illo Deus esse non possit, cum videlicet ipse ex propria natura tam hunc amorem suum, quam quodlibet bonum ita habeat, ut eo carere nullatenus possit.

De angelis dogma leviter et in transitu tantum perstringit (Theol. 1190. 1271. Hexaëm. 1366) notissima ecclesiae placita tradens. Angelorum ordines recitat Opp. p. 643. De malis daemonibus, vim suam in homines exserentibus, in ethices libro agit c. IV. — Pari modo pauca tantum refert *de hominis anima*, quam ab ipso Deo (Theol. 1186. Hexaëm. 1393. 1407) non ex aliquo materiali primordio creatam, ipsius trinitatis imaginem prae se ferre proponit.

Quomodo autem Deus mundum constituit, *quidve ad hominum salutem cepit consilii?* Aurea de hoc sunt verba Nostri. Deus, pater benignissimus, omnes homines beari vult. Rationem et per hanc spiritum quoque divinum iis primitus infudit (Intr. II, 3. Theol. 1187.), ut id, quod verum honestumque sit, cum cognoscerent, tum facerent. Hoc modo lex exstitit naturalis (Opp. 516), quam plerique ethnicorum philosophi pulcherrime secuti sunt (Theol. 1211.). Lex autem haec erroribus humanis obnoxia est; itaque factum erat, ut gentes, sola hac lege obstricti, quum bene quidquid ac sapienter institutum sibi solummodo, non Deo, cuius tamen ope omnia fiunt, ascriberent, omnem plane exuerent religionem, quo facto et ipsa rationis lux maximam partem obtenebrata est. Ut vero et Iudaei et gentiles ad purum unius Dei cultum adducerentur (Intr. I, 12. 15.) iis potissimum utriusque populi, qui morum integritate excellerent altior ipfius trinitatis i. e. veri Dei notitia contigit. De quorum falute, quum et de redemptore edocti erant (cf. I, 15. II, 6.) dubitare non licet. Tandem dies gratiae illuxit, ubi Dei filius fefe incarnavit, ea utique mente, ut legis naturalis reformator nos omnia, quae ad falutem fufficerent, edoceret, (Theol. 1270. 1307 fq.) et egregio Dei amoris exemplo propofito nos ad imitandum excitaret. „In omnibus igitur, quae in carne geffit Dominus, noftrae eft eruditionis intentio." En fententiam, quae nefcio an fit liberalior quam pulchrior! De ipfa incarnatione vulgaribus formulis addit: Chriftum i. e. Dei fapientiam humanam affumfiffe naturam, et verum Dei filium effe, non adoptivum (Opp. 505.), matre, utero infuper claufo (II, 6) absque omni peccato. (Opp. 563) natum, in una perfona duas habuiffe naturas. In orationibus quoque nonnullis v. c. Opp. pag. 729. 751. de myfterio, ut aiunt, incarnationis imagines adferuntur et fimilitudines, fed acre mentis iudicium fugiunt atque ne hilum quidem dilucidant. Ceterum, ut obiter dicam, iam Lactantius Inftit. IV, 11, 13. fervatorem tanquam iuftitiae doctorem folummodo proponit. Gregorius porro Nazianz. Or. 42. et Damafcenus infanam de diaboli poteftate fuperftitionem, (a Lombardo poftea acriter defenfam Sentt. III,) cavillantur.

Ipfa Chrifti doctrina *reformatio fuit legis illius naturalis* (Theol. 1211), cui et multo magis, quam Iudaeorum legi convenit. Lex iudaica exteriora plurimum fpectat, evangelium contra, ficut philofophorum doctrina illius, quid vere honeftum fit, habito refpectu, omnia fecundum animi penfat intentionem. Hoc confilio Theol. p. 1224: Multa, inquit de philofophorum continentia, in confufionem noftram de eis et ab eis fcripta reperiemus, et in eis chriftianae caftimoniae, quam Iudaei non intellexerunt, incepiffe pulchritudinem. Philofophi adeo interdum laudantur, ut Theol. 1211. Clericorum f. monachorum fimillimi fuiffe dicantur.

Hoc modo Nofter pulchram fibi ecclefiae cuiusdam invifibilis inde a mundo creato univerfos terrae populos complectentis, effinxit ideam. In qua quidem ecclefia catholica, quum fub ipfius Dei aufpiciis femper vigeat, unice falus poteft fperari; fimul, contra fidem ecclefiae illius falvificam fi quid erraveris, graviffimi facinoris reus, de falute omnino defperes, oportet, idque eo magis, quum, ut ipfe ait (in expofitione in fymb. apoft. Opp. pag. 371) nullum periculofius fit mendacium vel error, quam in his, quae ad fidem pertinent. Cuilibet, id quod bene tenendum eft, homini probo in ecclefiam illam patet aditus. Licet vero Noster ecclesiam ab hominibus constitutam multum differre ab ecclesia illa divina bene viderit, quod et postea ostendemus, saepius tamen, imo plerumque hanc cum illa permutat. Hominem hoc fecisse, ideo tantum, quod abominabilem haeretici notam metueret, ut et alioquin in rebus dubiis tergiversatur, veri bene gnarus, haud dixerim. Universam vero viri, Platonicos secuti, cf. Schlosserus l. l. 120, de rerum humanarum statu doctrinam ab ecclesiae dogmatibus longe esse alienam, quis est, qui non videat?

Malum denique et inveteratum illud theologiae ulcus, *peccatum* scilicet *originale* ubi tangit Abaelardus, fomentis quidem sanare, exsecare autem funditus nec valet, nec audet, quippe quod totius medii aevi ingenium dogmati mire faveret. Sedare profecto veterem illam, ut ipse nominat, generis humani querelam summopere studet Noster. In comment. sua in epist. ad Rom. Opp. 590—600 quaestiones adfert de originali peccato, quod ad poenam magis Adami peccati, cui obnoxii teneamur, quam ad culpam animae referendum esse censet. Est igitur, inquit p. 597, ipsum damnationis debitum, quo obligamur, cum obnoxii aeternae poenae efficimur propter culpam primorum parentum. Ipsa autem vitiosa carnalis concupiscentiae generatio peccatum transfundit, iramque meretur; adde, quod et rationi non contrarium est, filios poenas dare pro eo, quod parentes commiserint. Deus autem (cf. 595) quocunque modo nos tractet, iniustitiae argui non potest, attamen gratiae sacramento nos a peccato illo, quum satisfacere ipsi non valeamus, mundat. Eo autem severitatis progreditur bonus Abaelardus, ut vel parvulos, absque baptismo et martyrio non interveniente, salvari non posse, clare, licet animo tristi affirmet. Verbaque hoc loco adfert memoranda: „Providentiae itaque divinae omnem eius dispositionem committentes, qui solus novit, quare hunc elegerit, illum vere reprobaverit, autoritatem scripturae, quam ipse dedit, immobilem teneamus." Disputationem ubi concludit, animum nobis ostendit desiderio flagrantem. „Ad hoc enim, inquit, poena ista corporalis ac tranistoriae mortis reservatur, ut eo minus vitam habere temporalem appetamus, quo facilius eam finiri prospicimus et aerumnis subiacere, et eam amplius diligamus, quae vere beata est et finem non habet."

Dogmate de *redemtione et iustificatione* (Opp. 550—556) ex sententia ecclesiae nude ac severe, quantum fieri potest, proposito Abaelardus ad solutionem quum se accingat permultarum, quas obiecerat, quaestionum, totam rem raptim et improviso dirimit, et tanquam singula inquirere ipsum pigeat, brevibus ita decidit: „Nobis autem videtur, quod in hoc iuftificati fumus in fanguine Chrifti et Deo reconciliati, quod per hanc fingularem gratiam nobis exhibitam, quod filius fuus noftram fusceperit naturam, et in ipfo nos tam verbo quam exemplo inftituendo usque ad mortem perftitit, nos fibi amplius per amorem aftrinxit, ut tanto divinae gratiae accenfi beneficio, nil iam tolerare propter ipfum vera reformidet caritas." Cf. et ea, quae antea de incarnatione funt allata. [18])

Iam iamque opus eft, ut Abaelardum, quem hucusque libenter fecuti fumus, de *libero* etiam *arbitrio* et *gratia divina* audiamus. Vulgarem verbi notionem, arbitrium ipfam effe deliberationem feu diiudicationem animi, qua fe aliquid facere vel dimittere quilibet proponat, in Deum non cadere cenfet, fed in eos tantum, qui voluntatem mutare et in contraria poffint deflectere. „Generaliter autem, ait (cf. Introd. III, 7. comment. ad Rom. Opp. 592 fq.) ac veriffime liberum arbitrium dicitur, cum quilibet, quod ex ratione decreverit, voluntarie ac fine coactione implere valebit. Quae quidem libertas arbitrii tam Deo quam hominibus aeque indubitanter ineft, his praecipue, qui iam omnino non poffunt peccare." Verum liberi arbitrii notio antiquitus confufa ab Abaelardo, quum neoplatonicam (cf. Staeudlini hift. phil. moral. p. 454.) Anfelmi Cantuarienfis fententiam (cf. de libero arbitr. Opp. 117

---

[18]) Haec de redemtione fententia audaciffima, qua, myfterio plane fublato doctrina ecclefiaftica corruit concuffa fanaeque menti facilis datur aditus, Bernardum Claraevallenfem ita commovet, ut fui paene non compos rem ad verbera pugnamque effe deducendam clamet in ep. ad Innocent.: „Quid in his verbis, ita debacchatur Bernardus, intolerabilius iudicem, blasphemiam an arrogantiam? quid damnabilius, temeritatem an impietatem? an non iuftius os loquens talia *fuftibus tunderetur*, quam rationibus refelleretur? nonne omnium merito *in fe provocat manus* cet.?" Paulo poft in eadem epiftola: „redemtionem, ait, minime negares et tu, fi non effes fub manu inimici. Non potes gratias agere cum redemtis, qui redemtus non es: nam fi redemtus effes, redemtorem agnofceres et non negares redemtionem." Denique: „incomparabilis doctor," cavillatur Abaelardum vir fanctus, „qui etiam profunda dei fibi aperiens, et ea, quibus vult, lucida et pervia faciens, altiffimum facramentum et myfterium abfconditum a faeculis fic nobis fuo mendacio planum et apertum reddit, ut transire leviter poffit per illud, quivis etiam incircumcifus et immundus, quafi dei fapientia cavere nefcierit aut neglexerit, quod ipfa prohibuit, fed dederit et ipfa fanctum canibus, et margaritas porcis."

— 122.) tueretur, non multum lucis accepisse videtur. Num igitur rite dixerit Ven. Neander, Abaelardum ipsas dogmatis quasi radices perscrutatum esse, nec satis scio, nec si sciam, dicere ausim. Ceterum Petrus Lombardus Sentertt. II, 25 multique posteriorum v. c. Albertus Magnus, Sentt. II, dist. 24. art. 5., Duns Scotus Sentt. II, 44. (cf. Rixneri hist. phil. II app. 83) et Bonaventura II, 24 ex philosophorum magis sententia liberum arbitrium definiunt. Bernardus autem Claravallensis haud scio an nihil profecerit distinctione sua (cf. de gratia et lib. arb. c. 3 — 7.) triplicis libertatis, naturae s. a peccato, (liberum consilium) gratiae s. a miseria (liberum complacitum), vitae vel gloriae s. a necessitate (liberum arbitrium). De eo autem, quomodo liberum hominis arbitrium cum providentia divina, quam universum pulcherrime moderantem dicit Abaelardus, concilietur, disquisitio est quidem instituta, sed non finita.

De gratia libere censet. Gratiam scilicet aliquam universalem per spiritum sanctum oblatam nobis esse (Theol. 1181.) statuit, neque homo nova gratia ad bonum opus adigatur oportere. Dicimus, ait Opp. 653, non esse necesse in singulis bonis operibus novam nobis gratiam a Deo impertiri, ut nequaquam scilicet bona operari vel velle possimus sine novo divinae gratiae praeeunte dono, sed saepe Deo aequale gratiae suae donum distribuente, non eos tamen aequaliter operari contingit, immo saepe eum minus operari, qui plus gratiae ad operandum susceperit.

Doctrina haec omnis christiana continetur *Scriptura sacra*, quae a Deo infusa (cf. Hexaëm. init.) perquam obscura est. (cf. Theol. 1184. 1186.) Spiritus sanctus saepe alium plane, quam ipsi haberent scriptores, sensum scripturae verbis condidit, quare et, si genuinam significationem elicere volumus, mystica quadam et allegorica opus est interpretatione, cuius quoque specimina hîc illîc v. c. in Orationibus exhibet Noster. Hoc autem loco Cl. Schlossero Abaelardum clare, quid de allegorica illa interpretatione habendum sit, perspexisse tradenti l. l. 177 — 182., contradixerim. Novum Testamentum, porro Noster censet (cf. Epp. p. 261.) tam dignitate quam utilitate Veteri supereminet; in Vetere quoque, (cf. Opp. 707.) postquam exterior quaedam crusta fracta est, interior demum apparet mica. Moses enim, „cum populo acturus indisciplinato" (cf. Hexaëmeron ad v. 2.) ad commune iudicium popularemque intelligentiam accommodate scripsit, adde, quod multi etiam V. Testamenti edicta vetustate quasi consenuerunt. Bene tenendum est (Abaelardus monet in orat. circumcis. Domini, Opp. 761.) habere in omnibus loca et tempora suas rationes, secundum quas in eis eadem modo fieri modo vitari conveniat. Ceterum Abaelardus, ut et patrum plerique censent, scriptorum sanctorum inspirationem non ad omnia spectare innuit; in epistola enim ad Bernardum, Opp. 245 sq., Matthaeo et Luca inter se collatis, hoc illum perfectius et verius narrare ait.

Haec sunt, quae de doctrina Abaelardi habui monenda. Quod si quis nonnulla levioris notae dogmata omissa desideret, ne incuriae statim me accuset. Omnia, quotquot typis expressa sunt, Abaelardi opera sedulo, ut opinor, lectitavi; sed placita ea, quae nullius fere momenti sunt, consulto omittenda censui. Etenim licet v. c. Nostrum quoque mortuorum resurrectionem defendisse contra Sadducaeos in libro adv. haereses Opp. 487. nec non in sermone de die Paschae Opp. 851. tradidissem, cui bono fuerit nescio. Adde, quod Abaelardus praeter ea, in quibus libere philosophatur, dogmata, ecclesiae maximam partem tuetur formulas. Abaelardum igitur, licet aliquoties aevi sui labem ferat, virum cognovimus veri inveniendi studiosissimum et religionem christianam sana mente atque insigni pietate amplectentem. In scripturae sacrae lectione Pauli, ,,tubae Domini" cummaxime allicitur epistolis, quippe quae doctrinam nobis exhibeant inter ceteros scripturae libros longe perfectissimam (cf. Opp. 904 in orat. de convers. Pauli), et subtilius ceteris expressam (cf. Opp. 500). Quare et in doctrina sua plerumque Abaelardus Paulum spectat, secutus insuper patres ecclesiae platonizantes; ad extremum vero rem sibi reservat decidendam. Iis ergo credere si volumus, qui per omnem aevorum seriem viros excitari arbitrantur eximiis dotibus instructos, *pulchra*, ut Herderus loquitur, *generis humani lumina heroesque terrae salutiferos:* inter hos et referre non dubitamus Petrum Abaelardum, quippe qui, nobile tanquam σκεῦος in manu Dei benignissimi, tum puriorem religionis christianae foveret ideam, tum fortis liberae mentis propugnator Reformatoribus, ut dicuntur, praeludens hierarchiae vincula detestaretur. Et hanc nostram tuebimur sententiam, licet nos non fugiat, multum defuisse Abaelardo, ita ut neque mentis subtilitate neque doctrinae copia aliis v. c. Thomae Aquinati vel Scoto par sit. Quae cum ita sint, ad partem disputationis alteram, *doctrinam scilicet moralem*, sine mora accedam.

Inquirentibus nobis, *quisnam usque ad Abaelardi tempora morum disciplinae inter Christianos fuerit status et cultus*, primum occurrit Iohannes Sarisberiensis, ingeniosus Abaelardi discipulus († 1180), ethicam plane negligi querens. In Metalogico II, 11: „an voluptas, inquit, bona sit, an proeligenda virtus, an in summo bono habitudines, an sit in indigentia laborandum, purus et simplex Dialecticus raro examinat." Licet autem vir acutus haud inanes fundat querelas, permulta tamen et ante Abaelardum exstant scripta, ethicam quae spectant. Omissis enim iis, quae patres ecclesiae hic illic in scriptis suis adferunt, nominemus inter Latinos tantum Gregorium M. († 604); Isidorum Hispalensem (630); Bedam (735); Halitgerum Cameracensem (830); inprimis Alcuinum (804) et Rhabanum Maurum (856). Multi insuper alii ethicae quasdam particulas tractaverunt v. c. Aldhelmus († 709); Smaragdus († 820); Ionas Aurelianensis († 842) cet. Verum in tanta scriptorum multitudine, eorum, qui αὐτόνομοι quasi τε καὶ αὐτοπαθεῖς philosopharentur, mira fuit paucitas; alter potius alterius dicta excepit, de summo principio non dubitans, iusti systematis nescius, in regulis tantum pro singulo quolibet constituendis facile copiosus. Cunctorum πρῶτον ψεῦδος fuit, quod, sicut plurimi quoque ecclesiae patres ethicae religionisque doctrinam permutabant. Iam Tertullianus durius, ut solet, loquitur, de poenitentia c. 4: „Neque quia bonum est, inquit, idcirco auscultare debemus, sed quia Deus praecepit." Ethica igitur e sacra scriptura, in qua quidem Deus, quid velit, quam apertissime revelasse dicebatur, tanquam fonte unico et primario derivata est. Summa sapientia atque felicitas in cognitione Dei ponitur; omniumque virtutum prima est fides, quacum coniunctae sunt spes et caritas. Quae tres virtutes sunt theologicae eaeque summae (cf. Isid. Sentt. II, 36). Quae distinctio, cuius iam fundamenta iecit Augustinus, apud Scholasticos quoque usitata est v. c. Thom. Aquin. Summa II, I, 62. II, II, 1 — 33, et Albertum M. (cf. pag. 3). Multa quoque in scriptoribus illis severae eiusque praepollentis hierarchiae vestigia reperies. Non solum doctrinam eccles. anxie tuentur, sed animum etiam prae se ferunt vel cunctis ecclesiae institutis obedientem. Quo fit, ut ecclesiae divina quasi maiestas atque clericorum dignitas toties, a Gregorio potissimum, laudibus ornetur, et, vera religione cum externo tantum cultu confusa, tot libri, ut aiunt, poenitentiales subito exsistant (vid. Schmidt. hist. eccl. V. 183 sq.). Ipsi ritus (divina officia) multos, qui de ipsis scriberent, invenere cf. Amalarium, Ivonem Carnotensem cett.

Quodsi vero quis quaesierit, annon *Aristotelis ethica* hominibus doctis nobiliorem in tractanda morum disciplina viam commendaverit: primo tenendum est, praecipuum ex eo genere librum magni Stagiritae, licet a Scoto Erigena iam latine versum, per longum tempus minus usitatum fuisse Scholasticis, ne dicam plane ignotum, ita ut neque Hildebertus, neque Abaelardus libri illius faciant mentionem. [19]

Hildebertum vero *Turonensem* quod attinet, primus ille exstitit inter Scholasticos qui, theologiae farragine paulum eiecta, ethicam scriberet in systema magis redactam. Multum vero abest, ut liber hicce, qui inscribitur: „Philosophia moralis de honesto et utili" ethicam tradat a summo, quod philosophiae ope inventum sit, principio usque ad extrema et singula rite deductam. Totius operis consilium ex ipso libri statim exordio praeclare perspicies. „Moralium dogma philosophorum, ita Hildebertus incipit, per multa dispersum volumina *contrahere* meditabar." Profecto Hildebertus, quum pulchras sententias e Ciceronis, Senecae, Sallustii, Horatii aliorumque scriptis decerptas in fasciculum colligeret, ob id cummaxime laudandus est, quod ethicam e theologiae carcere in laetum philosophiae campum reduceret.

Anselmus etsi in dogmatica tam excellat, in ethica paene nullus est. Summam igitur Abaelardo nostro, bene merenti, tribuamus gloriam, quippe qui ethicam, quamvis non ad summam usque perfectionem adduxerit, libere tamen ac ingeniose, methodum, quae erat vulgaris, angustam et pressam omnino reiiciens, tractaverit. Quod ut magis conspiciatur, illico ethicam Nostri proponamus, cursu, quem ipse tenuit, sedulo conservato.

Cap. I — XVII. agit *de peccato*. In Prologo mores definit: animi vitia vel virtutes, quae nos ad bona vel mala opera pronos efficiunt, quod quidem c. I accuratius exponit. C. II, p. 628. distinctione lata inter peccatum, vitium malamque actionem, inde a C. III, p. 629. singulas hasce notiones dilucidare studet. —

---

[19] Alcuini verba in ecclesiast. c. 1. Haud procul. cet. Tennemannus non minus quam Staeudlinus de philosophis in regno Caroli M. intelligunt, ita ut Staeudlinus, Aristotelis ethicam iam ante Erigenam in scholis usitatam fuisse concludat. Prius illud si et concedamus, (quod vero invitus fecerim) minime, *Aristotelis* ethicam usitatam esse elucet. Ceterum de varia Aristotelis fortuna scripsit Launoy. Cf. etiam Rixn. l. l. 61 — 63.

Vitium ex eius fententia id tantum eft, quo ad peccandum proni efficimur, et in animo effe poteft, licet peccatum malaque actio plane defint. Vitio igitur inclinamur ad confentiendum ei, quod non convenit. In quo confenfu proprie Abaelardus ponit *peccatum*, fenfu, ut aiunt, fubiective plerumque illud fumens, quare et: „culpam animae" interpretatur, „qua damnationem mereatur vel apud Deum rea conftituatur." Ita enim religionem hic cum ethica coniungit, quum id, quod ex naturali, ut ita dicam, et propria ethices autoritate decernendum erat, in forum trahat religionis. Hac mente etiam: „Quid eft enim, inquit, ifte confenfus, nifi Dei contemtus et offenfa? Peccare igitur eft: creatorem contemnere, h. e. id nequaquam facere propter ipfum, quod credimus propter ipfum a nobis effe faciendum. Quomodo fententia illa abufus in magnos inciderit errores, videfis Opp. 595. Omnino enim medii aevi homines, feveram Auguftini de miferabili humanae naturae conditione opinionem pio animo amplexi, quodlibet Dei gratia, noftra caufa nihil, faciendum effe exiftimaverunt. Ut Myftici in his modum omnem transgreffi fint, praeter multos alios clare oftendit Schmidius hift. myft. p. 202 — 221; fed et Scholaftici aevi ingenio indulgent (cf. Introd. I, 1.).

Abaelardus porro una cum Anfelmo, Hildeberto cett. peccati nullam effe fubftantiam contendit, p. 630, quia, ut ait, in Noneffe potius quam in Effe confiftat.

Ut *differentiam peccati malaeque voluntatis* exponat, multum difputat Nofter, fed faepius errare videtur. Primum iam in definienda voluntate claritas defideratur. *Antea*, in commentario in ep. ad Rom. Opp. 524 — 525 voluntatem fumit fenfu vulgari: „apud Deum, ait, voluntas pro opere facti computatur;" et paulo poft: „fola itaque anima ex bona vel mala voluntate praemium vel poenam apud Deum meretur et obtinet." Alio modo in ethica rem conftituit. *Nunc* (630) malam voluntatem infirmitatem quandam dicit neceffariam, quae, ubi refrenata eft, non exftincta, palmam refiftentibus comparet et materiam pugnae et gloriae coronam conferens. Itaque malam voluntatem divinae folum voluntati fubiuges (632) neque eam prorfus exftingues, ut femper pugnae habeas materiem. *Nunc* voluntatem fuave tantum appetere et defiderio annexam effe innuit. Hoc confilio (633): „ubi defiderium, inquit, ibi procul dubio voluntas confiftit. In eo igitur, qui tanquam invitus vel magno cum animi dolore (631, 633.) in malum facinus abripitur, non eft voluntas, fed paffio." *Interdum*, v. c. pag. 646, voluntas cum defiderio et appetitu, ut Opp. 706, plane permifcetur. *Nunc denique* voluntatem fumi tantum iubet in eo, quod confulto vel praemeditati facimus v. c. 631, quo loco fervum, in exemplo ibi allato, quum dominum occidere noluerit, ob id peccaffe confirmat, quod in occifionem confentiret. Quaeras licet: confenfio nonne voluntatis eft? Abaelardus nec curat, nec refpondet. Omnem vero hanc notionum confufionem Tennemannus non penitus perfpexiffe, vel oftendiffe faltem, videtur.

In exemplo ifto allato, 631, et vel eo maxime offendimur, quod nulla inveniatur inter peccatum, ut aiunt, fubiectivum et obiectivum diftinctio, quamquam Nofter, ut ex aliis locis apparet, illius non omnino ignarus fuiffe videtur. Peccatum propterea, quod neceffario omni exclufo, nullum inevitabile fit, ex aliqua voluntate procedens vocari poffe concedit p. 635.

Sed *quando* vere peccamus? Diftincte Abaelardus refpondet p. 634: „Tunc vero confentimus ei, quod non licet, cum nos ab eius perpetratione nequaquam retrahimus, parati penitus, fi daretur facultas, illud perficere. In hoc itaque propofito quisquis reperietur, reatus ad peccati augmentum quidquam addit, fed iam apud Deum aeque reus eft, qui ad hoc peragendum, quantum valet, nititur et quantum in fe eft, illud peragit, ac fi in opere quoque ipfo effet deprehenfus." Quamobrem pulcre fe defendit Nofter. Primum (p. 635 fq.) carnis delectationem, peccato coniunctam naturae effe confentaneam, omnique vacare [20]) culpa evincit, in quam quidem opinionem et liberam et Auguftini autoritati contrariam incideret neceffe erat, dummodo fibi de eo, quod de peccato et culpa dixerat, conftaret. Quum autem, p. 642 ait, peccatum vel tentationem tribus modis dicimus peragi, fuggeftione, delectatione, confenfu, ita eft intelligendum, quod ad operationem peccati per haec tria frequenter deducimur. Dein c. V, p. 645, obiectionem a graviori, qua opus f. effectus peccati quam ipfum peccatum multatur, poena repetitam egregie, fi quid video, refutat. Illud enim ex manca humani iudicis fcientia fieri ftatuit, quum in hac terra vel ei, in quo nulla infit culpa, propter malum operis effectum „rationabiliter" poena infligatur. „Deus vero, ait p. 646., folus, qui non tam, quae fiunt, quam, quo animo fiant, attendit, veraciter in intentione noftra reatum penfat et vero iudicio culpam examinat. Nos faepe

---

20) Tennemannus aliique hac in re Noftrum durius tractat. Quod vir porro exempla fumfit luxuriam fpectantia, quis eft qui iure crimini ei det?

per errorem vel per legis coactionem innocentes punimus, vel noxios abfolvimus." Quantum valeat haec Noftri fententia, ad ecclefiae ligandi folvendique poteftatem fi fpectaveris, iam bene monet Ven. Neander l. l. pag. 174.

Diftinctionem inter peccata *fpiritualia* atque *carnalia* quod attinet, Nofter c. VI, p. 646., primo quidem omnia peccata animae tantum effe, non carnis, fed, originis eorum habito refpectu, quum partim ex vitiis animae, partim ex infirmitate carnis proveniant, adhiberi iftam utique poffe decernit. — Inde a capite VII, p. 648. fuam *de peccatorum imputatione* doctrinam incipit. Retrofpiciens enim ad praemiffa, opera omnia in fe indifferentia, nifi pro intentione agentis bona vel mala effe dicenda cenfet. Ubi contra dicis: cur tandem in hac vita opera exteriora a Deo remunerantur? Hominem habes in refpondendo perquam promtum: „ut ex praefenti, inquit VIII, 650, retributione amplius ad bona incitemur, vel a malis retrahamur." Quo dicto rem totam profligatam effe exiftimat.

Bonam effe intentionem, h. e. rectam in fe tam pulchre, quam ex vera ethicae dignitate afferit XI, 652, neque ideo effe bonam, quod bona videatur (cf. XII, 653), fed talis infuper, ficut exiftimatur, fit oportet. Alioquin ipfi etiam infideles ficut et chriftiani bona opera haberent, cum ipfi etiam non minus, quam nos, per opera fua fe falvari vel Deo placere credant. Mirum quantum vir ceteroquin liberalis in hoc dogmate de infidelibus fine peccato damnandis lapfus eft, quod tamen per totam fuam doctrinam profitetur. In refellendo errore palma eft facillime reportanda; egomet oftendiffe eum fatis habeo. Tantum vero abeft, ut ipfam infidelitatem vel ignorantiam peccatum ducat, ut punctim caefim, obiectionibus refutatis, contra dimicet, et memorandum illud loquatur: *peccatum nonnifi effe contra confcientiam* (cf. XIII, 653). Sacrae fcripturae effata, quae fententiae illi videntur repugnare, alio fenfu fumit. Omnino enim, ut opinatur, peccatum multifarie dicitur; fenfu quodam largiore omne id, quod non convenit, peccatum vocari poteft. Cum dicitur (cf. XIV, 657) ignoranter nos peccare, peccare non in contemtu, fed in operatione fumimus. Hoc modo infidelium caecitatem, ait 658, fi quis peccato eorum fine culpa adfcribit, „fortaffe licebit, cum abfurdum ei videatur tales fine peccato damnari." Quantopere dogma illud infelix fanae menti obfiftat, bene gnarus fuit, fed non tam prudenter modo atque confulto, a dirc horrendae haerefeos anathemate fibi cavens, quam doctrinae ecclefiafticae au toritate ipfe perculfus, et „abyffa multa Dei effe iudicia" monens, dogma pro fitetur. Dein in eo, quod ignorantiam nihil omnino peccati habere dicit, nullo ad caufam illius, cui culpae fatis ineffe poteft, habito refpectu, levitatis notam iure meritoque fibi contraxit. Ad hominem excufandum fi quis afferat, eum, quum de ignorantia femper cogitaverit innocenti, verbis tantummodo non elocutum effe, contra tamen ex ipfis, quae attulit, exemplis, v. c. de Iudaeis, facile, Noftrum rem illam non penitus perponderaffe, elucet.

Cap. XV, 659. quaeftionem, *num omne peccatum a Deo nobis rite poffit interdici*, ita folvit, ut iftud intelligi folum iubeat de peccato proprie dicto, Dei fcilicet contemtu, minime autem de omni illicito, a quo humanae naturae infirmitas non plane immunem fervare fe valeat.

Poftea *inter peccata diftinguit*, ad imputationem mere fpectans, neque falubriter neque fubtiliter. Vulgarem enim diftinctionem inter peccata *levia* et *capitalia* (cf. Beda in proverb. T. IV, p. 696.) ita moderatur, ut primum inter venialia et damnabilia discernat, haec autem damnabilia vel criminalia vel non effe contendat. Peccata venialia et negligentias vocat, criminalia contra ea, quae perfonam infamem faciunt, „fi in audientiam veniant." Dubitationem iftam, utrum melius fit venialia peccata cavere, quam criminalia, fummo iure cenfet effe miferrimam, fimulque contra eos pugnat, qui peccata venialia cum difficilius, tum utilius et melius vitari hariolentur.

Tria funt fecundum Abaelardi fententiam (XVII, 663) *peccatorum remedia*, quibus Deus conciliatur: poenitentia, confeffio et fatisfactio. Primum itaque c. XVIII—XXIII. agit *de poenitentia*, qua in re ad ecclefiae inftituta et priores fcriptores, Gregorium maxime et Ifidorum refpicit, fed autoritate minime implicitus, imo multa in melius convertens. Gregorius et aliter poenitentiam definit, quum omne reconciliationis, ut Nofter vocat, negotium ponat in poenitentia, cui tres adfcribit partes: converfionem, oris confeffionem et fatisfactionem cf. in Reg. VI, 2, 33. Nec minus Ifidorus diffidet, qui hominem fe ipfum, ne a Deo caftigetur, punire opus effe arbitratur, ideoque poenitentiam perperam fane nominat punitentiam cf. exhort. ad poenit. c. 1.

Rectius Nofter poenitentiam definit „dolorem animi, fuper eo, in quo deliquit, cum aliquem piget, in aliquo exceffiffe." Ex amore Dei illa proficifcatur oportet, minime damni alicuius pavore. Vera igitur poenitentia peccatum diffolvit, „quia, ut ait XIX, 667, caritas Dei contritionem illam infpirans, culpam non patitur; fed Deus poenitenti, quamvis non omnem, aeternam tamen poenam remittit." Poenitentia ipfa, quae nos indulgentia dignos efficit, totum animum debet replere, „ita ut gemitus noster ad quaelibet peccata spectet (XXII, 672.). Qui in poenitentia non perseverat (XXI, 671) vitae praemio nondum dignus est, atque ita fit, ut Deus, qui praemium ei, quo in solo poenitentiae momento dignus esset, non reddit, minime iniustitiae sit coarguendus."

De *peccato in spiritum sanctum*, et in filium Dei pulchre Abaelardus et libere. Istiusmodi peccatores ita quidem a Dei regno proscripti dicuntur, et ab eius gratia penitus exclusi, ut nullus illorum deinceps per poenitentiam mereretur indulgentiam, sed in leniorem abit sententiam Noster, ita definiens: „Nec quidem negamus eos salvari posse, si poeniterent, sed solummodo eos dicimus nec poenitentiae actus assecuturos esse." Nobis autem ea, in quibus deliquimus, in vita etiam coelesti displicebunt.

De confessione et satisfactione agitur c. XXIV—XXVI.

Confessio non Deo facienda est, quippe qui iam omnia noverit, sed invicem peccata sibi confiteantur fideles. Ad quod probandum multas Noster arcessit rationes, v. c. magnam mutuarum orationum vim; dein id, quod humilitate confessionis satisfactionis quid iam solvatur; denique confitentium animas sacerdotibus esse commissas, qui poenitentiae satisfactionem illis iniungant, eo quidem consilio, ut, qui male arbitrio suo usi sint Deum contemnendo, alienae potestatis arbitrio corrigantur.

De alta lamentatione, quam enixe commendant Gregorius et Isidorus, de lacrimis large fundendis, quibus Rhabanus Maurus hominem „baptizari" autumat atque absolvi, Noster, de interno animi statu magis cogitans, nil paene memorat, vel ipsam peccati confessionem nonnunquam, dummodo poenitentia adsit, posse omitti, exemplo Petri corroborat (XXV, 675).

Graviter in sacerdotum quorundam et inscitiam et negligentiam invehitur, quibus confiteri non solum inutile, verum etiam perniciosum sit. Istiusmodi autem praelatos vitare facile secundum Nostrum licet; „nemo enim (cf. 678) ducem sibi ab aliquo commissum, si caecum deprehenderit, in foveam sequatur." Sed multo etiam acrius cavillatur eos, qui, misere et sordide cupidi, pro nummorum oblatione satisfactionis iniunctae poenas condonent. Ad modum facete interdum eos carpit v. c. 681.

Capite XXVI, eoque ultimo, praeclarum ingenuitatis suae testimonium edit Abaelardus. Quaestionem illam, ut ipse ait, non parvam pertractat: *de potestate regni coelorum, quam Dominus cum apostolis tradidit, tum episcopis quoque concessisse dicitur*. Eo autem audaciae progreditur, ut aperte dictum illud Christi, ab episcopis etiam atque etiam citatum [21]: quorum remiferitis peccata, remittuntur eis cett. ad perfonas folum apoftolorum, non generaliter ad omnes epifcopos referri iubeat. Ut ponderis quid accedat fententiae, autoritates adfert Hieronymi et Origenis. Quo facto: patenter, inquit, Origenes (una cum Hieron.) oftendit, ficut et manifefta ratio habet, quod in his, quae diximus, Petro conceffum eft, nequaquam omnibus epifcopis a Domino collatum effe, „fed his folis, qui Petrum non ex fublimitate cathedrae, fed meritorum imitantur dignitate." Porro et fummae arrogantiae effe dixit, fi quis, iuftitiam Dei non curans, innocentes vel nocentes ad libitum declarare voluerit. „Ex facrae fcripturae autoritate iam liquidum eft, nihil epifcoporum fententiam valere, fi ab aequitate difcrepat divina."

Hoc modo pulchre ethicam concludit, quae omnino *quanti fit aeftimanda*, iam ex iis, quae de prioribus ethicae fcriptoribus allata funt facile concludas. Profecto Abaelardus neque totum ethices fyftema expofuit, neque tanta utique copia, quam pofteriores Scholaftici, praecipue Thomas et qui preffe hunc fecuti funt Antoninus et Peraldus; fed id potiffimum fibi elegit, ut triftem hierarchiae doctrinam de peccato (et in hoc potiffimum inanes de operibus operatis pravaque concupifcentia fententias) de poenitentia et indulgentia leniret multum melioremque redderet, id quod fana mente et animo libero factum eft, licet multa habeat, παράδοξα quae videantur neque fatis enucleate dicta atque circumfpecte. Unde et factum eft, ut Abaelardus tam parum profuerit tractandae morum difciplinae. Attamen, anteceffores in illis ftudiis quum multis in rebus fuperet, vel a Scholafticorum pauciffimis ingenio fuperari Noftrum dixerim. Ethica autem, quomodo usque ad Grotii, Pufendorfii et Thomafii tempora plus minusve in theologiae vinculis fuerit conftricta, non eft animus disquirendi [22].

De Abaelardo omnino *quid iudicaverint illius coaetanei*, maximam partem ex iis, quae de lite cum Bernardo memoravimus, iam apparet. Magnam fententiarum de Noftro farraginem congeffit Amboefius (Du Chesne) in praefatione fua apologetica pro Abaelardo. Theologiae editores, Benedictini Parifienfes, Bernardo faventes, Noftri inprimis in fcribendo vituperant licentiam, fed reiiciunt tamen ineptam illam mifelluli cuiusdam monachi, Gerardi de Alvernia, fententiam: Abaelardum, perfide dogmatizantem, necromanticum

---

[21] Pezius hoc loco fibi non moderatur amplius, fed in margine pofuit aperte: error Abaelardi!

[22] In exponenda Abaelardi ethica librorum duorum ope ufi fumus: Staeudlini hift. phil. moral., et De Wette ethica chrift. II, 2.

www.ingramcontent.com/pod-product-compliance
Lightning Source LLC
Chambersburg PA
CBHW081306040426
42452CB00014B/2669